A TRAVERS PARIS

PAR CRAFTY

LIBRAIRIE PLON

A travers PARIS

TEXTE

ET

DESSINS

par Crafty

LIBRAIRIE PLON

E. PLON, NOURRIT ET Cᵉ, IMPRIMEURS-ÉDITEURS, RUE GARANCIÈRE, 10, PARIS

— Et l'on dit qu'une population qu'un incident de cette importance suffit à distraire,
est difficile à diriger !!!

LES VOITURES DE L'AGENCE COOK AND Cᵉ (Colonne Vendôme)

Depuis quelques années plusieurs agences se sont fondées, qui, pour une rétribution modeste, transportent les étrangers à travers Paris et leur font connaître ses monuments, ses particularités, ses beautés et ses laideurs. Nous voudrions, dans cet album, atteindre le même but, non plus en plein air, mais au coin du feu, dans un bon fauteuil, évitant ainsi à notre lecteur les cahotements de moyens de locomotion médiocres et les inconvénients des intempéries.

L'EMBALLEMENT (Avenue du Bois de Boulogne)

On revient du Bois comme chaque jour à la queue leu leu... Tout à coup, sans qu'on sache quelle mouche l'a piqué, un des chevaux du cortège a subitement pris une allure désordonnée que les efforts combinés de son cocher et de son camarade de timon ne sont pas parvenus à modérer. Il ne galope pas, il vole, semant la crainte dans les âmes timorées, excitant les plus nobles velléités de dévouement chez les natures généreuses. Le sentiment général est l'effroi de ce qui va résulter. — Seuls quelques sceptiques demeurent imperturbables; tous les autres spectateurs sont courbés comme autant de points d'interrogation???,...

RÉSULTATS (Le Club des pannés)

Le choc attendu s'est produit. Un fiacre négligemment conduit, cela s'est vu, débouchant de la rue de Presbourg, n'a pas eu le temps d'éviter l'avalanche à quatre roues qui roulait vers lui. La roue de derrière du char emporté (elle s'est rompue du coup) a heurté la sienne de telle sorte que les deux véhicules se sont trouvés instantanément arrêtés. Le fiacre, plus léger, a été précipité sur le côté, pendant que son cocher a été lancé sur la contre-allée. Des âmes charitables s'occupent d'extirper des flancs de la boîte endommagée ses infortunés habitants. — Un médecin, il s'en trouve toujours dans ces cas-là, prodigue ses soins à la propriétaire de la victoria, qu'on a transportée sur une chaise Tronchon. Pendant ce temps son compagnon cherche à égarer la religion du représentant de l'autorité en lui faisant de l'accident un récit singulièrement inexact, tendant à rejeter sur le cocher du fiacre, rendu muet par de nombreuses contusions, toute la responsabilité de la rencontre et de ses suites.

UN INCENDIE (Place de l'École de médecine)

Un portier impressionnable a vu de la fumée dans son escalier. — Dans son zèle, il est allé casser les vitres de tous les avertisseurs du quartier, et de tous les points de l'horizon les pompiers accourent sur le lieu du sinistre, un peu incertains de sa situation exacte. Tous les gamins rencontrés au passage les escortent à grandes enjambées, tandis que les sergents de ville interrompent la circulation, sous le fallacieux prétexte de l'assurer.

UN INCENDIE (Boulevard Saint-Germain)

On a découvert l'immeuble menacé, et, avec quelques seaux d'eau, on s'est rendu maître du « fléau » : les équipages municipaux ont repris la route de leurs casernes, en menant un tapage égal à celui de leur arrivée. Les amateurs de spectacle gratuit sont restés sur les lieux, commentant la gravité de l'événement qui prend, suivant les groupes, une importance proportionnée à l'imagination des orateurs. En résumé, le désastre se borne à la perte d'un vieux tapis. Mais le quartier sera en émoi jusqu'à la fin de la journée, et, grâce aux mesures prises par l'autorité compétente, la circulation des voitures sera entravée jusqu'à une heure avancée de la soirée.

UNE STATION D'OMNIBUS (Place de la Madeleine)

C'est un cercle en plein air, sans cotisation, et avec cet avantage que les femmes y sont admises. C'est sans doute pour ce motif qu'on y voit des habitués qui, bien que munis de numéros, ne se décident jamais à prendre place dans les véhicules qui se succèdent cependant sans interruption.

UN TRAMWAY ÉLECTRIQUE (Rue Tronchet)

A peine les chevaux commençaient à s'habituer aux tramways à vapeur, à leur fumée et à leurs sifflets, qu'on a jugé à propos d'employer l'électricité. — C'était sans doute dans une bonne intention, puisque ces nouveaux véhicules circulent sans bruit et sans fumée. N'empêche qu'ils causent à la cavalerie parisienne une terreur invincible. — Les animaux, qui ne sont qu'à moitié bêtes, se méfient toujours de ce qu'ils ne s'expliquent pas, et la vue de cette voiture que rien d'apparent ne met en mouvement, et qui remue cependant, leur inspire une méfiance qui ne me paraît pas complètement inintelligente.

PASSÉ MINUIT (Nouveaux boulevards)

Il s'agit d'un grave problème. — Le tarif de nuit est-il applicable quand on arrive à domicile après minuit et demi, ou bien est-il nécessaire que le cocher ait été pris après cette heure pour avoir le droit d'en réclamer le prix? Dans la circonstance actuelle, le cocher prétend le contraire, le bourgeois affirme qu'il ne doit que la course ordinaire, les agents sont dans une extrême perplexité, et la partie féminine du chargement du fiacre se morfond en attendant la solution du conflit.

LES ARBRES SE PROMÈNENT (Nouveaux boulevards)

Quand on habite Paris, rien n'est difficile comme de rester chez soi. — La ville contient tant de spectacles alléchants, de distractions payantes ou gratuites, que la tentation devient bien souvent la plus forte et qu'on abandonne son foyer, attiré qu'on est par le charme de la rue. — On ne sait pas ce qu'on va voir, mais on est sûr qu'on verra quelque chose, et que ce quelque chose sera du nouveau. — La curiosité est si forte à Paris que les arbres eux-mêmes la subissent et se mettent en mouvement. — Le fait certain, c'est qu'on les rencontre, et pour quel autre motif se déplaceraient-ils?

LA SIESTE DES HOMMES-AFFICHES (Place de la Concorde)

Il est midi. C'est l'heure des déjeuners, et, comme la Réclame sait que ventre affamé n'a pas plus d'yeux que d'oreilles, elle se repose. Les véhicules enluminés stationnent alignés au bas des trottoirs, pendant que leurs attelages étirent leurs membres fatigués et allument la réconfortante cigarette. — Pour être immobiles, ces véhicules n'en conservent pas moins leur aspect hétéroclite pour tous, terrifiant pour les quadrupèdes, et comme leur station quotidienne coïncide avec la rentrée des manèges, elle met au désespoir les écuyers chargés de veiller sur les premiers pas des jeunes amazones, dont les montures consternées manifestent de diverses manières leur invincible répugnance.

UN REFUGE (Ligne des grands boulevards)

C'est certainement le pas le plus important qui ait été fait vers les réformes sociales depuis l'ère nouvelle. — Le refuge ajoute aux droits de l'homme celui de n'être écrasé que lorsqu'il le veut bien, quand il manque de patience, ou que sa physionomie est antipathique au gardien de la paix chargé d'interrompre le mouvement des appareils à broyer les membres du pauvre peuple. — Car là encore le favoritisme fait des siennes : le détenteur du pouvoir laisse se morfondre indéfiniment les figures qui n'ont pas l'heur de lui plaire, mais intervient immédiatement dès qu'un minois qui lui sourit manifeste le désir de quitter l'îlot protecteur pour gagner la terre ferme.

CHEZ LE CONFISEUR (Boulevard de la Madeleine)

Le moment est venu d'acquitter le montant des contributions mondaines. — Les gens prévoyants n'ont pas attendu le 1ᵉʳ janvier pour expédier leurs étrennes, mais les retardataires qui ont attendu jusqu'au dernier moment s'empilent chez le confiseur et se bousculent pour obtenir le sac obligatoire. Le fâcheux est qu'en ces moments extrêmes les approvisionnements des spécialistes en renom sont souvent épuisés, et que pour satisfaire « aux exigences du public », ils se trouvent parfois dans la nécessité de substituer à leurs produits habituels les bonbons vénéneux et les chocolats frelatés de l'épicier le plus proche. — « *Tarde venientibus ossa* », a dit le poète lors de jours de l'an oubliés.

14

CHEZ LE LIBRAIRE (Boulevard des Italiens)

Ici, c'est le rendez-vous des gourmets de l'intelligence, qui préfèrent à la satisfaction de la vulgaire gourmandise le régal de l'esprit. Pas d'indigestions à redouter si le hasard du titre vous a induit en erreur; les produits les plus lourds n'ont jamais eu de plus graves effets que d'amener un sommeil parfois anticipé, mais toujours calme et souvent profond. Le grand avantage de ce genre de cadeaux est pour le donateur qu'on ne le force pas d'y goûter; le danger est de donner, sans l'avoir lu, un livre qui démolit les tendances politiques, religieuses et sociales du personnage important auquel il l'offre dans le seul but de s'en faire un protecteur aussi dévoué que persévérant.

RENCONTRE (Champs-Élysées)

Le cycliste est généralement audacieux — cela tient à son âge, à la confiance qu'il a dans son adresse, au peu d'espace qui lui est nécessaire pour évoluer, à la vitesse qu'il peut obtenir. — Il en résulte qu'il se lance de toutes ses forces, et que, s'il rencontre un obstacle imprévu, il fait la culbute. — Tant qu'elle ne se produit pas sous les omnibus, il n'y a que demi-mal. — Dans ce cas extrême, il n'est pas encore dit qu'il ne s'en tirera pas indemne. — Le frein Binger est si puissant !

UN ACCIDENT (Rue de Rivoli)

Le pavé de bois est parfois glissant, — c'est souvent le résultat de l'humidité naturelle ; — plus fréquemment encore, cet état dangereux des chaussées provient d'un arrosage insuffisant qui n'enlève aucune des ordures sur lesquelles patinent les chevaux. — Ces jours-là, on compte autant d'animaux couchés que debout, et, sans l'esprit de fraternité qui porte nos concitoyens à s'entr'aider, la circulation deviendrait décidément impraticable.

2

UNE AVERSE (Place Vendôme)

L'averse, si impatiemment attendue pendant certains étés, se multiplie parfois de telle façon que ce cataclysme devient l'événement quotidien. — Malgré cette régularité, le phénomène varie tellement les heures de son apparition, et se produit avec une telle instantanéité, qu'il parvient chaque fois à surprendre et à inonder un nombre satisfaisant de promeneurs, qui avaient cru pouvoir profiter d'une fallacieuse éclaircie.

LE PARC MONCEAU

La consigne qui veut que les voitures traversent au pas cette oasis destinée aux récréations des enfants et des nourrices est parfaitement légitime, et nous trouvons tout naturel qu'on cherche à préserver de tout accident les générations de l'avenir. Mais ne serait-il pas de toute justice qu'on exigeât une certaine réciprocité pour la sécurité des attelages qui s'y aventurent, et qu'on interdît à ces jeunes gens, si paternellement protégés par les arrêtés municipaux, de lancer au nez des chevaux une aussi grande variété de projectiles?

MARCHANDS AMBULANTS (Rue Montmartre)

Très sympathiques aux ménagères du quartier qui les soutiennent envers et contre tous, ils sont les maîtres de la chaussée, et les plus lourds véhicules sont obligés de leur céder le pas. — Si un malheureux cocher a l'audace de marcher au plus petit trot, ou la maladresse de passer trop près d'un client installé au bon milieu de la rue, il est en proie à un vocabulaire qui révèle le voisinage des halles.

TRAIN DE BANLIEUE (Gare Saint-Lazare)

Chacun, après une laborieuse journée, a hâte de trouver la fraîcheur d'un jardin plus ou moins vaste, mais où l'on a la liberté de se mettre en bras de chemise. — C'est l'heure où les comestibles supplémentaires abondent dans les filets des wagons, et où les melons combinent leurs parfums avec ceux du marolles et les émanations des cigares chers ou bon marché, mais également nauséabonds, de nos manufactures nationales.

AU CAFÉ-CONCERT (Pas de réclame)

Il a fait une chaleur sénégalienne pendant tout l'après-midi. Pas une place n'est inoccupée. C'est d'ailleurs le moment où l'étoile apparaît en scène, et, même les jours où le temps est exécrable, ses nombreux fidèles font à cette heure psychologique une apparition plus ou moins longue. — Elle n'a pas encore ouvert la bouche, mais elle est apparue, et il n'en faut pas davantage pour que toutes les physionomies respirent la béatitude complète.

22

PÊCHEURS PARISIENS (Quai d'Orsay)

Le cas se présente quelquefois que l'un d'entre eux prend un poisson, — petit généralement; — la physionomie des collègues exprime immédiatement toutes les nuances de l'étonnement bien plus que les symptômes de la jalousie, — ce qui tendrait à prouver qu'aucune illusion ne les soutient pendant leurs longues stations, et que, bien loin de convoiter des fritures imaginaires, ils savent à quoi s'en tenir sur les résultats probables de leur platonique passion.

UN BATEAU-MOUCHE (Cours-la-Reine)

L'esquif touche au ponton, et l'employé qui préside au contrôle de ces omnibus aquatiques se prépare à donner le signal du départ. Cependant toute une famille échelonnée sur le quai se hâte lourdement, — le père est déjà sur le ponton et encourage les siens de la voix et du geste, — la fille atteint la passerelle, mais la mère à bout de souffle est encore sur la terre ferme, et ses chances d'embarquement paraissent singulièrement compromises.

L'ABREUVOIR DU PONT LOUIS XV

On y conduit peu de chevaux dans le seul but de les désaltérer, mais le nombre des jarrets fatigués qu'on espère raffermir par le séjour dans l'eau froide est assez considérable pour que l'abreuvoir soit suffisamment peuplé, et l'espoir de voir tomber à l'eau quelque palefrenier maladroit maintient sur les parapets une certaine quantité d'amateurs de spectacles gratuits.

UN NAUFRAGÉ (Pont Royal)

Une crue un peu forte s'est produite pendant la nuit, et le fleuve a recueilli un certain nombre d'objets imprudemment déposés trop près de ses rives, poutres, futailles vides, et autres matériaux susceptibles de flotter. Sur une de ces épaves un chat miaule déplorablement, et tous les cœurs sensibles, affiliés ou non à la Société protectrice des animaux, se demandent avec angoisse quel courageux sauveteur se portera au secours de l'infortuné félin.

LA POTINIÈRE

Toute aux bicyclettes. — L'accumulation de ces mécaniques donne à l'élégant carrefour l'aspect d'une gare de marchandises ou d'une exposition de machines agricoles, — les gens qui viennent en voiture en ont tout un chargement, et les cavaliers qui persistent à monter à cheval font aux gens qui sont « dans le train » l'effet de maniaques qui s'obstineraient à refuser de monter en sleeping et voyageraient en chaises de poste.

27

LE PRYTANÉE DES BICYCLISTES (Carrefour d'Ermenonville)

Tandis qu'à la Potinière on admire les velocemen et velocewomen en possession de tous les secrets de l'art, on ne rencontre ici que les retardataires en train d'étudier sous l'œil des professionnels. On assure que les gens ordinairement doués sont, après une dizaine de leçons, en état de se diriger convenablement. Mais de même que certains étudiants mettent à faire leur droit un temps qui dépasse de beaucoup les années réglementaires, de même on rencontre certains tempéraments réfractaires à l'équilibre qui persistent à chavirer à chaque tour de roue au delà de toute prévision.

LE PARI MUTUEL (Pesage d'Auteuil)

Le gagnant était tout à fait imprévu. Ce qui fait que le total des mises est tombé entre les mains de l'entraîneur qui savait une « petite chance » à son cheval, du lad qui l'avait amené sur l'hippodrome et l'avait trouvé de bonne humeur, et d'un monsieur qui, n'étant jamais venu aux courses, avait trouvé son nom sympathique.

LES PAULINES (Rue Castiglione)

En voyant les proportions inusitées de ces véhicules, on comprend facilement qu'ils puissent contenir un nombre considérable de voyageurs ; ce qu'on conçoit moins aisément, c'est que, si bondés soient-ils, il reste pendant tout le parcours deux place s à la dispo sition des amateurs.

LE PADDOCK DE LONGCHAMPS

C'est le rendez-vous des connaisseurs ou soi-disant tels. On examine chacun des concurrents, et, d'après son aspect, on se décide à parier pour lui ou à attendre une meilleure occasion. Généralement cet examen, forcément superficiel, n'apprend rien aux spectateurs, mais la plupart d'entre eux demeurent convaincus qu'il est essentiel pour la sage confection de leurs paris.

LA SORTIE DU PUBLIC DE LA PELOUSE (Longchamps)

C'est toujours au moment où le défilé des voitures est le plus actif, où les chevaux sont le plus animés, que l'autorité spéciale intervient et exige qu'on les arrête pour laisser passer le public de la Pelouse. Si les chevaux s'impatientent de façon à rendre la station inquiétante, s'ils pointent au point de faire craindre qu'ils se renversent sur les genoux de leurs conducteurs, on peut être sûr que ladite autorité abusera de son pouvoir discrétionnaire pour faire défiler une nouvelle escouade de piétons.

RETOUR DES COURSES

Depuis la porte du pesage de Longchamps jusqu'au sommet de l'avenue du Bois, c'est partout la même accumulation de voitures, de chevaux et de bicyclettes. Les files se suivent sans interruption, le nez des chevaux touchant la capote de la voiture précédente et les timons menaçant les derrières des valets de pied assis à l'arrière des phaétons. Malgré l'impatience de quelques-uns, la résignation générale fait que, dans un temps relativement court, cette masse de spectateurs finit par s'écouler, ce qui, tout d'abord, paraissait être absolument invraisemblable.

LE MARCHÉ AUX CHEVAUX

Le cheval de Don Quichotte, Rossinante elle-même, a galopé une fois en sa vie : les malheureuses haridelles dont on trafique sur le marché renouvellent plus souvent cet exploit miraculeux. Il est vrai qu'elles sont poussées à ces efforts désespérés par les stimulants les plus variés, et que les palefreniers qui assument la tâche de les présenter aux amateurs seraient capables de faire exécuter à des paralytiques les exercices les plus compliqués de haute école.

UNE VENTE AU TATTERSALL (RUE BEAUJON)

Le public spécial de cet établissement attend toujours la chance de trouver au même prix (trois cents francs) une nouvelle *plaisanterie*, revendue soixante mille francs, après avoir gagné toutes les courses dans lesquelles l'avait fait partir son heureux acquéreur. L'occasion ne s'est pas renouvelée, que je sache. Mais, comme les petits marchands de chevaux sont restés les clients attitrés de la maison, il en résulte pour le gros public la certitude de ne jamais payer un cheval au delà de sa valeur, les marchands arrêtant net leurs enchères quand ils ne voient plus la possibilité d'un bénéfice à réaliser promptement.

UN MARIAGE (La Madeleine)

La foule est généralement sympathique aux mariages. L'heure à laquelle ils s'accomplissent coïncide généralement avec celle du déjeuner des modistes et autres couturières du quartier, que leur manque de dot maintient à l'état de célibataires sans leur enlever le désir et l'espérance de monter en grade. Elles constituent le fonds des spectateurs, et leurs connaissances spéciales leur permettent d'estimer avec exactitude les ressources probables des nouveaux conjoints et de leur entourage.

— De tous les mariés que j'ai conduits à l'autel, c'est encore moi qui formais le plus joli couple...

— Travailler vingt ans à faire une perle, et être obligé de donner cinq cent mille francs à l'animal qui vous la prend !

— Elle ressemble trop au père, qui n'a pourtant jamais été beau. J'avais rêvé mieux pour Émile.

— J'ai bien peur que votre gendre ne soit aussi débile que l'était votre mari ! !

— L'on me trouve encore assez décoratif pour figurer comme témoin...
— Et l'on a bien raison.

— Elle est charmante sous ce costume, mais je suis sûr qu'il vous irait encore mieux.

— Pas à plaindre, Émile !
— Vous n'avez pas vu comme moi, chez Léoty, le corset de la mariée.

— Étant enfant, il a eu une coxalgie qui a donné bien des inquiétudes.

— Comment le beau-père a-t-il donc fait fortune ? Il n'y a pas bien longtemps qu'il n'avait pas le sou.

— Tu as vu qu'Emmeline a eu le toupet d'assister à la cérémonie

SUR LE CHEMIN DE LA SACRISTIE (*Suite*)

— Alors, c'est un parti pris ?

— La mère était mieux.
— De figure surtout.

— Ils vont bien, les pères conscrits !

— Si l'on prenait au sérieux ce que vous dites, on serait toujours obligée de se fâcher...

— En lui-même, vous ne le détestez pas, mais vous trouvez que ça dure trop longtemps.

— Si elle tient du père, qui avait un tempérament assez calme, je crois que ça pourra aller...

— Si l'on vous avait imposé un mari comme celui-là ?
— Demandez tout de suite ce que j'ai fait...

— Comment je trouve le marié ? C'est pas mon type.

— Dans sa jeunesse, mon mari me défendait de voir la mère, et ce n'est que depuis qu'elle a tout à fait vieilli que nous sommes rentrées en relation.

— Comme on s'éparpille : il n'y aura bientôt plus de célibataires...
— Qu'est-ce que ça te fait, si tu dois être le dernier !

SUR LE CHEMIN DE LA SACRISTIE (*Suite*)

— Nous avons eu tort de le refuser ; depuis, on ne nous a plus demandé Léontine.

— Je l'ai fait refuser par ma nièce, parce qu'il faut être sorti de l'École pour pouvoir causer avec un polytechnicien, et qu'à mon âge on ne peut plus y entrer...

— Si je n'étais pas là, ce serait peut-être toi qu'on marierait aujourd'hui...
— C'est bien pour ça que je tiens tant, ma pauvre maman, à vous garder...

— Je ne puis entrer dans les détails, mais le secret professionnel ne me défend pas de dire que c'est un des beaux contrats de l'étude...

— C'est bien plus amusant que les enterrements, à cause du lunch...

— Je trouve ça bien plus triste, parce qu'on ne sait jamais comment ça finira...

— Pourquoi me conduire à toutes ces cérémonies ?...
— Si ça vous donnait l'idée de régulariser votre position...

— On sera tout d' même maintenant plus tranquille à la cuisine...
— Pour sûr ! !

— Pour les paniers de légumes, ça allait encore, mais pour les fleurs, ce qu'elle était tannante ! !

— C'est-y maintenant qu'on va donner des dragées ?...
— Non, m'n' enfant, ben plus tard, et core, c'est pas sûr.

— Les patrons, je ne les connais pas, je suis engagé seulement, pour la durée de la cérémonie, comme vieux serviteur....

A LA SACRISTIE (Sainte-Clotilde)

C'est le moment où les compliments s'accumulent. — Si la moitié des éloges qui se décernent à cette minute étaient mérités, il n'y aurait que d'heureuses unions. Malheureusement ces dithyrambes ne sont pas toujours sincères, et c'est ce qui explique que les tribunaux accordent quelquefois le divorce à des gens qui ne sont pas parvenus à s'entendre.

PROMENADE MATRIMONIALE (Tour du lac du bois de Boulogne)

— Voyons, Anatole, nous avons
bien le temps maintenant !

— Ces voitures, ça vous engourdit les jambes
autant que si l'on restait toute une journée assise
à son comptoir......

— J'ai déjà été marié deux fois, et
j'ai toujours été si heureux que je suis
prêt à recommencer.

— C'est la vingt et unième noce à laquelle j'assiste
depuis que je suis à Paris, comme garçon d'honneur,
et j'avais commencé bien avant d'y venir.

41

PROMENADE MATRIMONIALE (Tour du lac du bois de Boulogne) (*Suite*)

— J' voudrais qu'on me garde au bal la première fois qu' maman se r'mariera......

— Mon idée serait de conduire, mais l'employé ne veut pas......

— Suffisamment sûrs, après les avoir déjà expérimentées, du succès de leurs plaisanteries, pour ne pas craindre de les lancer à haute voix.

REPAS DE NOCE (PORTE MAILLOT)

Dans un certain milieu, il n'y a pas de fête complète sans un peu de nourriture exceptionnelle et une absorption raisonnable de liquides variés. C'est généralement aux abords de la Porte Maillot qu'ont lieu, pendant la belle saison, ces réunions pantagruéliques qui se prolongent indéfiniment, et qui bien souvent laissent aux heureux conjoints le souvenir de leur plus belle indigestion.

EN SUIVANT LES OBSÈQUES

Plus à compter avec la satisfaction du client, maintenant que la question du pourboire est réglée administrativement ; pourquoi alors avoir des égards ?

— Avec tous ces vieux qui suivent, ne faut pas compter sur plus de quatre kilomètres à l'heure, et encore pas dans la montée.

— Ces satanées fleurs !!! toutes les fois elles me fichent la migraine.

— Dois-je m'adresser à lui, ou débuter par parler de l'Académie ? « C'est une tâche à la fois bien douce et bien douloureuse, que la docte compagnie m'a confiée... » ou bien... « C'est un ami bien cher auquel la docte assemblée m'a confié la douloureuse mission, etc. »

Ça c'est les décorations du secrétaire de mossieu...

— Sincères ! mais ça passera.

— Ces cérémonies-là, elles me coûtent toujours un chapeau.

— Vous verrez que, pour lui succéder, on désignera l'un de ses adversaires déclarés et que ses disciples solliciteront en vain l'honneur de le remplacer ! ! !

— C'est là que nous avons dîné ensemble pour la dernière fois...

— Je me suis fait une règle de ne jamais parler aux obsèques d'un collègue, mais j'écoute volontiers...

— Vous qui connaissez les dessous de tout, vous avez bien quelque chose d'inédit...
— Sur son compte tout le bien a été dit ; il est trop tôt pour le reste.

— Était-il bien convaincu ? Aujourd'hui je ne saurais l'affirmer ; mais en 1848 il l'était indubitablement...

— Avez-vous lu son dernier ouvrage ?

44

— C'était ma terreur dans les battues.
— Oui, mais quel aimable causeur pendant le déjeuner !

— Ce qu'il était gobeur ! quand il était avec Mme de Transpor, il se croyait seul...
— Comment ! lui aussi ?

— Un goût épouvantable ! dès qu'il trouvait quelque chose de plus mauvais qu'un Meissonier, il se le payait à n'importe quel prix...

— Jamais, jamais, je puis vous l'affirmer, il ne s'en est seulement douté, et cependant ça crevait les yeux...

— On aurait juré que chacune de ses paroles était un joyau, il s'écoutait parler...
— Pour être sûr d'avoir un public.

— Blanche lui dit : « C'est rasant de t'entendre toujours parler d'un homme que je n'ai jamais vu : amène-le, ton Boisonfort, qu'on sache comment il est fait ! » Et le soir même, en entrant chez elle, il le trouve qui en sortait...

— Un temps tout à fait favorable à la marche...
—Certainement, mais ça va changer.

— Quand il suivait l'équipage de Chambray, on le trouvait à tous les carrefours traînant son cheval par la figure.
— Le fait est que, comme sportsman, il craignait tout le monde...

— Je ne le connaissais que fort peu, mais comme on me recommande la marche...
— Oui, autant là qu'ailleurs !

— Si elle est encore là quand je repasserai...

— C'est ma femme qui l'a voulu. « C'est à moi, m'a-t-elle dit, que le pauvre homme a fait sa dernière visite... »
— Les femmes ont seules ces délicatesses...

45

EN SUIVANT LES OBSÈQUES (*Suite et fin*)

— Il faisait toutes ses affaires lui-même, et c'était un tort, étant donnée la façon dont il s'y connaissait...
— Mais non, je vous assure qu'il y avait plaisir à traiter avec lui...

— Cependant il protégeait les artistes...
— Pour qu'on parle de lui en même temps que de nous.

— Belle fortune sans doute, mais qui aurait besoin d'un repos que ni sa femme ni son fils ne consentiront à lui donner.

— Une perte pour nous autres, car les héritiers iront certainement dans les quartiers neufs...

— A la campagne, Monsieur ne se plaisait que dans mon fleuriste...

— Paraît qu'il s'intéressait beaucoup à nous. Nous ne l'avons jamais vu, mais la supérieure nous a recommandé de prier pour lui, comme pour notre second père.

— Monsieur mort, nous allons être bien seules au château.

— Encore une maison comme celle-là, et dans trois ans j'aurai mes douze de rente.

— J' les reconnais!!! elles vont encore se faire conduire au Bon Marché.

AUX FORTIFICATIONS

Attend la suppression des octrois pour ne plus passer la barrière. Car alors, où sera l'avantage de boire
à un endroit plutôt qu'à un autre?

— Résultats complets !... des courses ! ! !

OUVRAGES DU MÊME AUTEUR, A LA MÊME LIBRAIRIE

PARIS A CHEVAL. Préface par Gustave Droz. Un magnifique volume grand in-8° colombier, enrichi d'un grand nombre de vignettes intercalées dans le texte et hors texte. Nouvelle édition. — Prix : 20 fr.

LA PROVINCE A CHEVAL. Un magnifique volume grand in-8° colombier, enrichi d'un grand nombre de vignettes intercalées dans le texte et hors texte. — Prix : 20 fr.

PARIS AU BOIS. Un magnifique volume grand in-8° colombier. — Prix : 20 fr.

L'ÉQUITATION PUÉRILE ET HONNÊTE. Petit traité à la plume et au pinceau. Un beau volume-album in-4° oblong richement illustré en couleurs, cartonné, avec fers spéciaux. — Prix : 10 fr.

LA CHASSE A TIR. Notes et croquis. Un beau volume-album in-4° oblong, richement illustré en couleurs, cartonné, fers spéciaux. — Prix : 10 fr.

LA CHASSE A COURRE. Notes et croquis. Un beau volume-album in-4° oblong, richement illustré en couleurs, cartonné, fers spéciaux. — Prix : 10 fr.

ALBUM CRAFTY. — Les Chiens. Album in-4° raisin. — Prix : 3 fr. 50.

ALBUM CRAFTY. — Les Chevaux. Album in-4° raisin. — Prix : 3 fr. 50.

ALBUM CRAFTY. — Croquis Parisiens. Album in-4° raisin. — Prix : 3 fr. 50.

ALBUM CRAFTY. — Quadrupèdes et Bipèdes. Album in-4° raisin. — Prix : 3 fr. 50.

LES HISTOIRES DE SAINT-HUBERTIN, recueillies par Manchecourt, dessinées par Crafty. Un volume-album in-8° colombier. — Prix : 3 fr. 50.

ENCRES DE LA MAISON CH. LORILLEUX ET Cⁱᵉ.

PARIS. TYPOGRAPHIE DE E. PLON, NOURRIT ET Cⁱᵉ, RUE GARANCIÈRE, 8.